Género Fantasía

10799069

Pregunta esencial

¿Cómo rescatar cosas usadas?

PAJARITOS EN COLORES

Miguel Ísola
ilustrado por Armando González

CAPÍTULO 1

HUYENDO DEL FRÍO

En el Norte, bastante cerca del Polo, había un pequeño pueblo. Un pueblo de gente cálida, pero de clima frío. Allí el frío era tan frío que hasta las palabras se congelaban. Se podían encontrar "holas", "gracias" y "te quieros" tirados en las veredas. Y muchas palabras más. Si salía el sol, se descongelaban. Si no, alguien las recogía y las ponía en el congelador para usarlas cuando las necesitara.

Esa tarde, Josefina estaba con sus padres en la plaza, disfrutando el tibio sol del invierno. Todas las palabras se habían descongelado con el calor del sol. Ahora habían llegado a su destino, los oídos. Sin embargo, a la sombra de un arbusto, Josefina encontró toda una frase. Eran palabras extrañas: "¡Ayuda!", "por favor", "acá arriba". Josefina alzó la mirada. Al principio, lo único que vio fueron las ramas desnudas de los árboles. Pero en seguida se dio cuenta: allá arriba, calentándose con un rayito de sol, había una familia de pajaritos.

—¡Oigan, pajaritos! —gritó Josefina.

—¡Papá, papá! —pió el pichoncito—, hay alguien ahí abajo. Parece que al fin oyeron nuestro pedido de auxilio.

—¿Qué sucede? —preguntó Josefina—. ¿Podemos ayudarlos?

—Sí, por favor —dijo mamá pajarito—, necesitamos una casa.

—¿Una casa? —dijo Josefina sorprendida.

—Bueno, en realidad lo que necesitamos son materiales para construir un nido —aclaró papá pajarito—. El viento se llevó todas las hojas y todas las ramitas.

—Y cuando el sol se oculte tendremos tanto frío que nos arderán las alas —agregó el pichoncito.

Josefina miró a sus padres. Ellos adivinaron sus intenciones y le hicieron un gesto de aprobación con la cabeza.

—Nuestra casa está cerca de aquí —dijo la pequeña—. Trataremos de encontrar algunos materiales que puedan servirles, ¿les parece?

CAPÍTULO 2

EL COLOR DEL RECICLAJE

Una vez en su casa, Josefina y sus padres pensaron con qué construirían un nido si fuesen pajaritos.

—Yo buscaré pedacitos de tela —dijo Josefina.

—Yo traeré los restos de la lana que uso para tejer —dijo su mamá.

—Y yo juntaré maderitas y viruta de mi mesa de serrar —dijo el papá de Josefina.

Al cabo de un momento, habían reunido una caja llena materiales. Cuadraditos de tela: con puntitos y con rayas. Ovillitos de lana de colores: verdes, rojos y azules. Viruta y maderitas de muchos tamaños: todas con rico olor.

En el camino de regreso a la plaza, Josefina recordó algo interesante.

—Papá —dijo—, ¿tú no habías construido una pajarera una vez?

—Sí, así es —dijo su papá—, la hice para las palomas de tu tío Arnoldo.

—Y la construiste con maderas que tenías en el taller, ¿no? —preguntó ella.

—Sí, las maderas no envejecen, por eso las usé —dijo su papá—. Pero ¿en qué piensas?

—¡En fabricar una pajarera para estos pajaritos! —dijo ella—. ¿A ti qué te parece?

—No estaría mal —dijo su papá—. Tengo muchas maderas para reciclar.

Detective del lenguaje

En la oración subrayada, ¿cuál es el pronombre personal?

CAPÍTULO 3

ARTESANOS NATURALES

Al verlos llegar con los materiales, los pajaritos comenzaron a revolotear llenos de excitación.

—Aquí tienen —dijo Josefina—, esperamos que les sirvan.

—Claro, claro, claro —pió papá pajarito—, al fin podremos construir nuestro nidito.

—Qué bueno, trajeron telas y lanitas bien abrigaditas —dijo mamá pajarito.

—Y mucha madera —dijo el pichoncito—, con todo esto el nido será muy calentito.

—Gracias, amigos —dijo papá pajarito—. Ahora nos pondremos manos a la obra. Tenemos que terminar el nido antes de que se ponga el sol.

En seguida, los pajaritos comenzaron a trabajar con un oficio increíble y gran velocidad. Mientras mamá pajarito trenzaba la lana, papá pajarito hacía un piso con maderitas. Y el pichoncito seleccionaba hábilmente los materiales más adecuados para la conservación del calor. Lo hacía instintivamente. Así lo habían hecho siempre sus antepasados y él ya lo llevaba en la sangre. En poquito tiempo, el nido comenzó a crecer. No era un nido como otros: gracias a las lanas y las telas poco comunes, iba quedando muy colorido. Además, se veía realmente abrigado.

—¡Listo, listo, listo! —piaron los pajaritos cuando el nido estuvo terminado.

—¡Bravo, bravo, bravo! —exclamaron Josefina y su familia.

—¿Quién será el primero en probarlo? —preguntó la mamá de Josefina.

—¡Yo, yo, yo! —dijo el pichoncito.

El pichoncito se refugió en el nido.

—¡Qué calentito! —pió.

—¡Y qué bonito! —pió su mamá.

—¡Y qué fuerte! —dijo papá pajarito—. Creo que resistirá todo el frío y ventoso invierno.

—¡Qué alegría! —dijo Josefina—, aunque...

—¿Qué sucede, niña? —piaron los pajaritos—. ¿Hay algo que no te gusta?

—No, no es eso —respondió ella—. El nido es hermoso, solo que me gustaría que estuviera más cerca de mi casa, así podríamos conversar todos los días.

—Sí, eso sería lindo —piaron ellos.

—¿No quieren mudarse al pino de nuestro jardín? —preguntó Josefina entusiasmada—. Es muy alto y siempre tiene sol.

—Claro, claro, claro —piaron ellos al unísono—. Sería magnífico vivir con amigos como ustedes.

CAPÍTULO 4

CALOR

El papá de Josefina trasladó el nido con mucho cuidado. Lo colocó en el pino de la casa que está junto a la cerca, en una rama que papá pajarito le indicó.

—¿Está bien ahí? —preguntó.

—Un poco más adentro, más cerca del tronco —dijo papá pajarito.

—¡Qué linda casa tienen! —dijo mamá pajarito.

—Y cuántas lombrices que hay en el jardín —se relamió el pichoncito.

—Aquí tienen un poco de té calentito —dijo Josefina, acercando una tacita.

—Papá, ¿no te olvidaste de algo? —preguntó Josefina.

—Claro que no —dijo él—, termino de acomodar el nido y voy a buscarlo.

Papá entró en la casa y volvió enseguida.

—Yo ya tenía todo preparado —dijo, sosteniendo unas tablas, unos clavos un poco oxidados y un martillo—. ¿Les gustaría tener una pajarera propia, pajaritos?

—Claro, claro, claro —piaron ellos, pero el último "claro" no se escuchó. El sol había comenzado a esconderse en el horizonte y las palabras comenzaban a congelarse.

Afortunadamente, los pajaritos tenían un nido donde pasar la noche. Pero Josefina y su familia podían ayudarlos con algo mejor. Josefina y sus padres se abrigaron y comenzaron a construir la nueva pajarera para sus nuevos vecinos.

Detective del lenguaje **En la oración subrayada, ¿cuál es el pronombre personal?**

Respuesta a la lectura

Resumir

Usa detalles del cuento para resumir *Pajaritos en colores*. La tabla te servirá de ayuda.

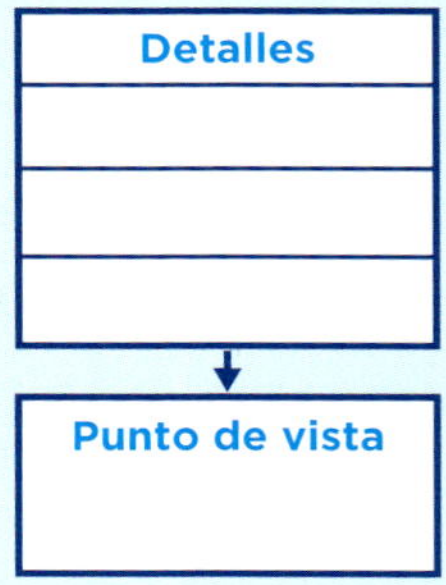

Evidencia en el texto

1. ¿Cómo sabes que *Pajaritos en colores* es un cuento de fantasía? Identifica un elemento que lo demuestre. **GÉNERO**

2. En la página 12, ¿dónde le gustaría a Josefina que estuviera el nido? **PUNTO DE VISTA**

3. ¿Qué palabra tiene un homógrafo en la página 13? ¿Qué pistas te ayudan a comprender el significado? **HOMÓGRAFOS**

4. Escribe sobre cómo Josefina y sus padres ayudaron a los pajaritos. **ESCRIBIR SOBRE LA LECTURA**

Género Texto expositivo

Compara los textos

Lee sobre una nueva manera de reciclar.

De basura a tesoro

Como muchos lugares del mundo, India tiene montañas de basura. Todos los años hay más y más basura. Ya no hay lugar donde colocarla.

El grupo Conservar India (Conserve India) ha hallado una solución al problema. Paga a personas para reunir bolsas plásticas, telas y hasta cinturones de seguridad de los basurales. Esta basura se recicla para convertirse en objetos como joyas, bolsos y agendas.

Trabajadoras cortan las bolsas para que el plástico se pueda lavar bien.

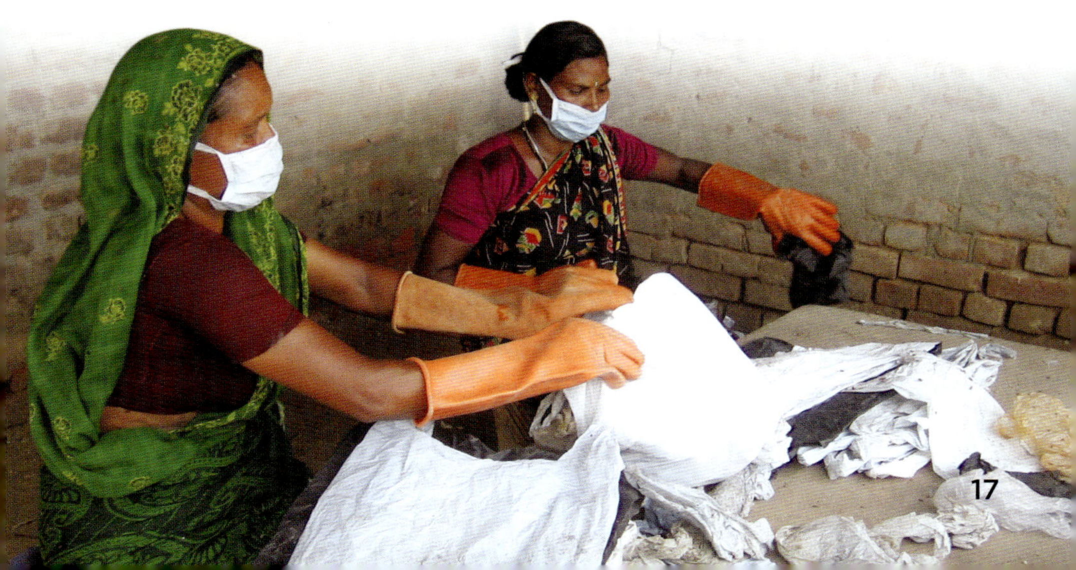

Las bolsas se clasifican, se lavan y se prensan para formar láminas de plástico. Como las bolsas ya tienen colores brillantes, no es necesario teñir el plástico. Luego, las láminas de plástico se convierten en bolsos, billeteras, cinturones y otros objetos coloridos.

Los artículos hechos por Conservar India se venden en todo el mundo. Parte de las ganancias van a escuelas en zonas donde viven los trabajadores. Otra parte se gasta en asistencia médica para personas que tienen muy poco dinero. Y otra se usa para capacitar a los trabajadores para que puedan tener mejores empleos.

Las agendas están entre los productos hechos de materiales reciclados.

Cómo reciclar una caja de zapatos

Convierte una vieja caja de zapatos en un cofre de tesoros. Puedes usarlo para guardar tus objetos favoritos.

Qué necesitas

- una caja de zapatos
- tijeras
- pegamento
- estrellas de colores
- láminas doradas o plateadas
- pintura negra y pincel

Cómo se hace

1. Pinta la caja de negro.
2. Deja que se seque la pintura.
3. Pega dos tiras de lámina sobre la caja y la tapa para que coincidan.
4. Decora la caja y la tapa con estrellas.

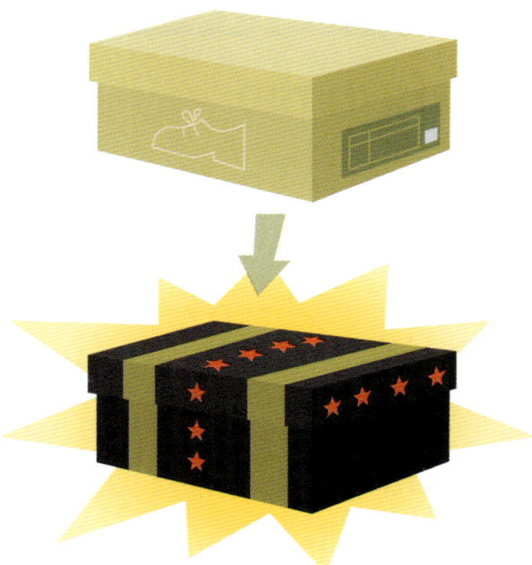

Haz conexiones

Piensa en una manera de volver a usar algo que ya no necesitas. **PREGUNTA ESENCIAL**

¿En qué se parecen los personajes de *Pajaritos en colores* y las personas de *De basura a tesoro*? **EL TEXTO Y OTROS TEXTOS**

Enfoque:

Género

Fantasía Los cuentos de fantasía poseen personajes, ambientes u otros elementos inventados que no podrían existir en la vida real.

Lee y descubre Vuelve a leer el capítulo 3 de *Pajaritos en colores*. Piensa en las cosas que suceden en ese capítulo, como la conversación de Josefina con los pajaritos. ¿Podrían suceder en la vida real?

Tu turno

Piensa en Josefina y sus padres. Ellos dan un ejemplo de cómo reciclar y ayudar a los demás. Escribe un cuento de fantasía sobre otras cosas que podrían hacer ellos para seguir reciclando para ayudar a los demás. Podrías narrar el cuento desde el punto de vista del personaje que más te guste.